SCALE E ARPEGGI
per
VIOLA

Gianfranco Riccio

ISBN 978-0-244-52557-6

90000

SCALE E ARPEGGI
per
VIOLA

Gianfranco Riccio

lulu

distribuito e pubblicato
da
Lulu Press.Inc
Edizioni Lulu .com

ISBN 978-0-244-52557-6
90000
9 780244 525576

lulu

Edizioni Lulu.com

**Copyright ©
2019 Lulu
Press,Inc.
627 Davis
Drive Suite 300
Morrisville,NC
27560
USA**

*tutti i diritti sono
riservati*

ISBN 978-0-244-52557-6

9 780244 525576   90000

Dedicato

A tutti i discenti che ho incontrato nel mio percorso d'insegnante con la speranza che la luce della musica funga da faro per il cammino della loro esistenza .

A Erica e Angelo

Contenuti

SCALE E ARPEGGI
per
VIOLA

lulu

edizioni LULU.com

Created by Gianfranco Riccio

number +39 3473719636

printed Ottobre 2019 Italy

andress via Lucrino Averno

County Pozzuoli (NA) IT

riccio.gianfranco@gmail.com

ISBN 978-0-244-52557-6

Prefazione

Questa raccolta di Scale e Arpeggi riunisce in sé due pequnarietà

La chiara visione didattica per lo studio della tecnica di base delle Scale

Parte fondamentale per lo studio della Viola e la praticità con cui viene

esposta la materia.

In questo fascicolo l'allievo troverà quanto gli occorre per formare e

consolidare la tecnica della mano sinistra e da non sottovalutare

quella della mano destra cioè l'Arco applicando tutte le Varianti

ritmiche ,legature, colpi d'arco e tutto ciò che possa fare in modo di

sviluppare ulteriormente la capacità del Violista di affrontare il

repertorio quale esso sia.

Gianfranco Riccio

Gianfranco Riccio

Gianfranco Riccio nato a Napoli inizia a studiare il *Violino nel 1985 con il Maestro Antonio Autieri, ammesso al* Conservatorio di Musica *San Pietro a Majella di Napoli* intraprendendo lo *studio* della *Viola* Principale fino all'Ottavo anno per poi diplomarsi in *Viola* presso il *Conservatorio di Musica Nicola Sala di Benevento* nel 1996.

Successivamente riprende lo studio del *Violino* presso il Conservatorio di Musica *San Pietro a Majella* di Napoli con il *Maestro Antonio Colica l*aureandosi in *discipline di alta formazione Musicali di II livello in Violino.*

Dal 1993 a preso parte in qualità di Solista ed orchestrale presso svariati enti Lirici e Fondazioni Musicali gruppi da Camera Nazionali ed Internazionali ed inoltre ha collaboratoper molteplici produzioni televisive.

- I Pomeriggi Musicali Milano - Orchestra sinfonica G. Verdi di Milano - Orchestra Italiana diretta dal Maestro *Salvatore Accardo* Roma - Orchestra Marchigiana Ascoli Piceno - Orchestra A. Scarlatti di Napoli - Orchestra Internazionali del Rome Festival Roma e New Jersey U.S.A.- Orchestra del Conservatorio San Pietro a Majella di Napoli diretta anche dal Maestro *Riccardo Muti.*

- Novecento Napoletano con il Maestro Esposito nel Tour Nazionale ed in Sud America - Eugenio Bennato Teatro Bellini di Napoli - Giovanni Mauriello Nuova Compagnia di Canto Popolare Centenario della Vedova allegra Teatro Augusteo - Antonio e Marcello Teatro Bellini

- Buona Domenica Canale 5- Note di Natale Canale 5 - Trenta Ore per la Vita Rete 4 -Disco per L' Estate Canale 5 - A Tutta Festa Rete 4 - Viva Napoli Rete 4 e Canale 5 - Festival di Napoli Rete 4 - Speciale Ron Rai 2 - Concerto per L' Epifania Rai 1-

Attualmente prosegue una vasta attività didattica è musicale

La Scala

Per scala si intende una successione di suoni in ordine progressivo,ascendente e discendente , con la ripetizione del primo suono all'ottava superiore.

La scala è di due generi *cromatica e diatonica :*

Cromatica è quando la scala è formata da 12 suoni che procedono per semitoni .

La scala diatonica è la successione di sette suoni che procedono per gradi congiunti ascendenti e discendenti , con la ripetizioni del primo suono all'ottava.
Essa può essere *di modo maggiore e modo minore.*

Modo maggiore
Scala formata da *5 toni e 2 semitoni .*
I semitoni si trovano fra il *3 e 4* grado ed il *7 e 8* grado

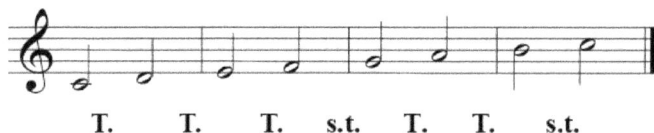

T.   T.   T.   s.t.   T.   T.   s.t.

Modo minore *(scala che può essere di varie specie)*
Scala formata da *5 toni e 2 semitoni*
I semitoni si trovano fra il *2 e 3* grado e tra il *5 e 6* grado

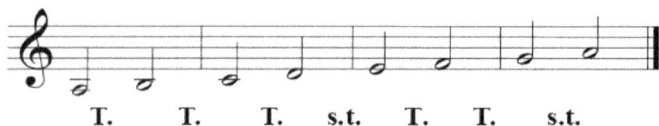

T.   T.   T.   s.t.   T.   T.   s.t.

Le Alterazioni

Le alterazioni sono dei segni grafici che modificano l'altezza dei suoni innalzandoli o abbassandoli di un semitono o di un tono.

Il diesis ♯ che segnato davanti ad una nota la innalza di un semitono

Il bemolle ♭ che segnato davanti ad una nota abbassa la nota di un semitono

Il doppio diesis 𝄪 che segnato davanti ad una nota alza la nota di un tono

Il doppio bemolle 𝄫 che segnato davanti ad una nota abbassa la nota di un tono

Il bequadro ♮ **annulla** l'effetto delle alterazioni riportando il tutto allo stato naturale

Il doppio bequadro ♮♮ annulla l'effetto delle alterazioni doppie riportando il tutto allo stato naturale.

Successione dei diesis e dei bemolli :

I diesis # sono sette: fa -do -sol -re -la -mi - si

I bemolli ♭ sono sette: si - mi – la - re- sol - do -fa

L'Arpeggio

L' Arpeggio è l'esequzione successiva delle singole note della scala; l'esequzione può essere più o meno veloce partedo dal primo suono della scala (I grado Tonica)

Ripetendolo all'ottava superiore per poi discendere se la scala e di una sola ottava oppure proseguire alle altr ottave possibili, usando varianti ritmiche e colpi d'arco diversi.

Quali sono le note da suonare:

Il I il III ed il V grado o suono della scala con la ripetizione del primo all'ottava superiore.

Sono di vitale importanza quando si parla di accordi o di melodia, dato che sono le note intorno alle quali gira tutto.

Per alcuni aspetti della **teoria musicale**, ma soprattutto per la pratica, sono anche più importanti della scala musicale.
Non sono altro che degli accordi suonati una nota per volta

Ti mostro immediatamente un esempio :

Prospetto delle tonalità

senza alterazioni	do maggiore	la minore
1 diesis	sol maggiore	mi minore
2 diesis	re maggiore	si minore
3 diesis	la maggiore	fa# minore
4 diesis	mi maggiore	do# minore
5 diesis	si maggiore	sol# minore
6 diesis	fa# maggiore	re# minore
7 diesis	do# maggiore	la# minore

1 bemolle	fa maggiore	re minore
2 bemolli	si b maggiore	sol minore
3 bemolli	mi b maggiore	do minore
4 bemolli	la b maggiore	fa minore
5 bemolli	re b maggiore	si b minore
6 bemolli	sol b maggiore	mi b minore
7 bemolli	do b maggiore	la b minore

Gianfranco Riccio

Circolo delle Quinte

*Il **circolo delle quinte** rappresenta le affinità fra le tonalità distanti intervalli di quinta giusta. La tonalità viene convenzionalmente riferita alla prima nota della scala maggiore se il brano è in tonalità maggiore, o della scala minore naturale se il brano è in tonalità minore. Gli intervalli della scala maggiore sono strutturati in modo tale che eseguendo trasposizioni della tonalità una quinta sopra deve sempre essere alzata una nota di un semitono, per mantenere la stessa sequenza di toni e semitoni.*

quinte discendenti — quinte ascendenti

Do, Sol, Re, La, Mi, Si, Fa#, Do#, Reb, Lab, Mib, Sib, Fa

La m, Mi m, Si m, Fa# m, Do# m, Sol# m, Re# m, Sib m, Fa m, Do m, Sol m, Re m

Sol b, Do b, La b m, Mib m, Reb

Scale

in prima posizione

Gianfranco Riccio

Gianfranco Riccio

Scale

in prima posizione

Gianfranco Riccio

Re minore

Arpeggio

Scale di terze Alternate

Si b Maggiore

Arpeggio

Scale di terze Alternate

Scale

in prima posizione

Gianfranco Riccio

Do minore

Arpeggio

Scale di terze Alternate

La b Maggiore

Arpeggio

Scale di terze Alternate

Scale e Arpeggi

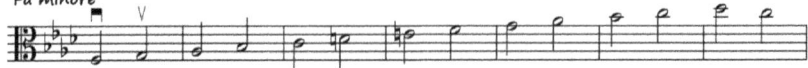

Fa minore

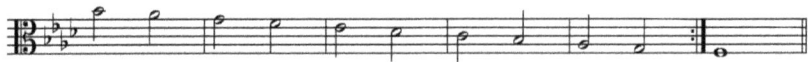

Arpeggio

Scale di terze Alternate

Re b Maggiore

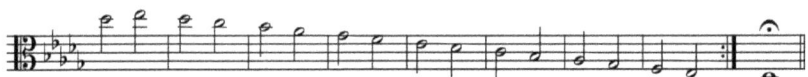

Arpeggio

Scale di terze Alternate

Scale

in prima posizione

Gianfranco Riccio

Si b minore

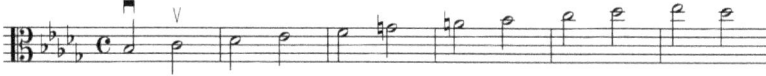

Arpeggio

Scale di terze Alternate

Sol b Maggiore

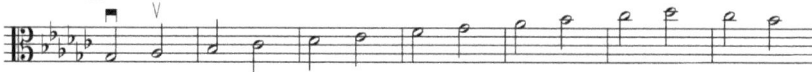

Arpeggio

Scale di terze Alternate

Mi b Maggiore

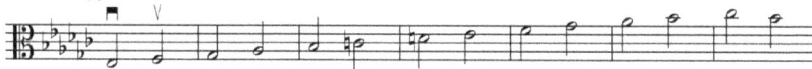

Arpeggio

Scale di terze Alternate

Arpeggio

Scale di terze Alternate

Scale

Tre ottave e Arpeggi

Gianfranco Riccio

Si Maggiore

Sol #minore

Mi Maggiore

Do # minore

La Maggiore

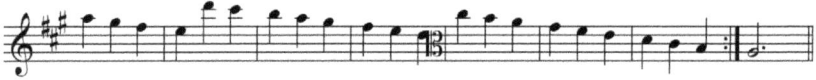

Fa # minore

RE Maggiore

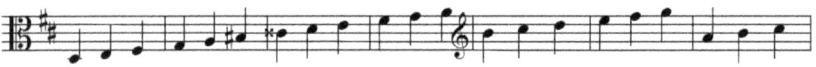

Scale

Tre ottave e Arpeggi

Gianfranco Riccio

Si minore

Sol Maggiore

Mi minore

Varianti

Scale

di Terze

Gianfranco Riccio

Scale

di Terze

Gianfranco Riccio

La b Maggiore

Fa minore

Re b Maggiore

Si b minore

Scale

di Terze

Gianfranco Riccio

Mi Maggiore

Do# minore

La Maggiore

Fa # minore

Scale

di Terze

Gianfranco Riccio

Mi Maggiore

Do# minore

La Maggiore

Fa # minore

Scale

di Terze

Gianfranco Riccio

RE Maggiore

Si minore

Sol Maggiore

Mi minore

Scale

di Terze

Gianfranco Riccio

Sol b Maggiore

Mi b minore

Si Maggiore

Sol # minore

Segni convenzionali più usati

Gianfranco Riccio

Corde a vuoto del Violino

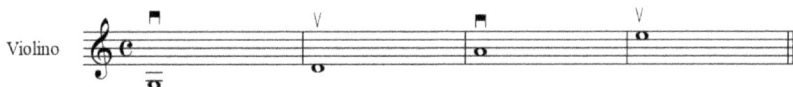

Violino

Arcate

◻	Arcata in giù
V	Arcata in su

T.A, Tutto L'Arco

M.S. Metà Superiore

M.I. Metà inferiore

M. alla Metà dell'arco

T. al Tallone

Indicazioni dinamiche

f	Forte
p	Piano
mf	Mezzo Forte
mp	Mezzo Piano
ff	Fortissiomo
pp	Pianissimo

Legature

Punto Semplice   Punto Coronato

legatura di valore   legatura di fraseggio

L'allievo dovrà saper riconoscere i principali segni di espessione abbreviazione e dinamiche più usati.

Pubblicazioni

-*Musicalmente* -**ISBN 978-88-97529-89-7** Maggio 2018 Duminuco Editore -Sapri (SA)

-*SuoniAmo il Violino*- **ISBN 978-88-97529-93-4**Novembre2018Duminuco Editore Sapri (SA

-*SuoniAmo la Viola* - **ISBN 978-88-97529-95-8** Gennaio 2019Duminuco Editore Sapri (SA)

-*La Banda Dell'Orto* - **ISBN 978-88-32222-01-2** Aprile 2019 Duminuco Editore -Sapri (SA)

-*Musica e Disabilità* - **ISBN 978-0-244-49639-5**Giugno 2019 Lulu Press,Inc. USA

-*Teoria della musica* - **ISBN 978-0-244-80566-1** Agosto 2019 Lulu Press,Inc. USA

- *Scale e Arpeggi per Violino* - **ISBN 978-0-244-51956-8**Settembre2019 Lulu Pres, Inc.USA

- *Scale e Arpeggi per Viola* - **ISBN 978-0-244-52557-6** Ottobre 2019 Lulu Press,Inc.USA

SCALE E ARPEGGI
per
VIOLA

Gianfranco Riccio

Lulu editore

ISBN 978-0-244-52557-6

da
Lulu Press.Inc
Edizioni Lulu .com

lulu

Edizioni Lulu.com

ISBN 978-0-244-52557-6

9 780244 525576

90000

SCALE E ARPEGGI
per
VIOLA
Gianfranco Riccio

lulu

ISBN 978-0-244-52557-6

Lightning Source UK Ltd.
Milton Keynes UK
UKHW021027090123
415051UK00018B/1297

9 780244 525576